Franz Brandl

Heiße Drinks

Rezeptideen mit und ohne Alkohol

südwest

Für Paula und Luzi

Inhalt

Vorwort

Die besten Drinks für Ihren Winter

In diesem Buch finden Sie 52 aromatische Heißgetränke für kühle Tage und die kalte Jahreszeit. Ob mit Kaffee, Tee, Milch, Wein, Spirituosen oder Fruchtsäften, mit oder ohne Alkohol – die Welt der heißen Getränke besteht nicht nur aus Glühwein, Rum mit Wasser und Kaffee mit Schuss.

Klassiker wie der beliebte Glühwein, der Grog oder der alt vertraute Irish Coffee sowie viele ihrer Varianten finden sich in diesem Buch, aber auch moderne Punsche und die ehrwürdigen Toddies und Egg Noggs. Auch die alkoholfreien Drinks, die in den letzten Jahren viele Freunde gefunden haben, wurden nicht vergessen. Dabei spielt der alkoholfreie Wein eine immer wichtigere Rolle: Ob als Glühwein oder in einem Fruchtpunsch, er bietet eine ausgezeichnete Alternative, wenn man auf Alkohol verzichten und dennoch den vollen Geschmack haben will.

Neben den bekannten Standards werden viele neu entwickelte Rezepte sowie Klassiker der Cocktailwelt in ihrer heißen Version vorgestellt. Darunter die beliebten und weltbekannten Drinks Caipirinha, Cosmopolitan und Planter's Punch.

Informationen über die Grundrezepte der Drinks, die beliebtesten Gewürze und andere geschmacksgebende Zutaten sowie ein kleines Lexikon zu den bekanntesten Spirituosen und Getränken vermitteln viel Wissenswertes.

Ich wünsche Ihnen und Ihren Gästen viel Spaß beim Zubereiten und viel wärmenden Genuss!

Viel Spaß beim Genießen
Franz Brandl

Grundrezepte

Von den klassischen Heißgetränken Kaffee, Tee, Kakao, Glühwein und Grog sind viele Varianten bekannt. Neue Rezeptideen lassen sich durch moderne Liköre, nun auch bei uns erhätliche exotische Früchte und Fruchtsäfte sowie alkoholfreien Wein entwickeln.

Hot Drinks Die Bezeichnung Hot Drinks steht als Oberbegriff für heiße Getränke. Vielerlei Spirituosen und Liköre eignen sich zum Genuss in Verbindung mit Kaffee, Tee, Schokolade, Milch oder heißem Wasser. So auch Wein, mit oder ohne Alkohol, der außer als Glühwein viele Möglichkeiten zur Bereitung heißer Getränke bietet. Schon immer versuchte man, den Körper und das Gemüt in der Kälte des Winters mit heißen Getränken zu wärmen, und so reichen die ersten Rezepte auch Jahrhunderte zurück. Dabei bürgerten sich Begriffe und Namen ein, die heute als Gruppe für eine bestimmte Zubereitungsart oder die verwendeten Zutaten stehen.

Egg Noggs In alten amerikanischen Schriftstücken wird bereits 1775 der Egg Nogg erwähnt. Das englische Wort »noggin« war die Bezeichnung für ein kleines Trinkgefäß bzw. Getränk. Als alkoholische Basis wurden hauptsächlich Rum, Brandy, Whisky und Sherry verwendet, die mit Ei, Milch und Zucker vermischt und kalt oder warm getrunken wurden. Für einen kalten Egg Nogg wurden die Zutaten einfach im Glas verrührt. Beim heißen Egg Nogg erhitzte man die Milch und gab sie zu den anderen, bereits verrührten Zutaten. Die Rezepte sind sehr wandelbar. Man kann z. B. Brandy, Whisky oder Rum mit etwas Sherry, Port oder Madeira abrunden.

Grog Auch der Grog hat eine alte Geschichte. 315 Jahre, genau von 1655 bis 1970, erhielten die Matrosen der Royal Navy täglich eine Portion Rum. Um das Jahr 1750 verfügte der englische Vize-Admiral Edward Vernon, dass der Rum nur noch verdünnt abgegeben werden sollte. Dieser wurde in kalten Zeiten dann auch warm getrunken. Vernons Spitzname war »Old Grog«, da er meist einen warmen Umhang aus Grogram, einem rauen Stoff aus Seide mit Mohair oder Wolle, der auch oft mit Gummi versteift wurde, trug. Bis heute steht »Grog« für Rum mit heißem Wasser und auch für viele Varianten davon.

Punsch Der Punsch geht zurück auf Matrosen der Ostindischen Company, die im 17. Jahrhundert aus Indien Punschrezepte mitbrachten. Das Wort Punsch leitet sich aus der Hindisprache von »Panscht« ab und bedeutet fünf. Diese Zahl stand auch für die damals kostbaren fünf Zutaten im Panscht: für Arrak, Zitrone, Gewürze, Zucker und Tee. Bereits im 18. Jahrhundert war der Punsch in der gehobenen Gesellschaft weit verbreitet und vielfach der Mittelpunkt geselliger Anlässe. Bis heute erfreuen sich die Punsche großer Beliebtheit, denn sie verbreiten immer ein Gefühl wohliger Wärme in der kalten Winterszeit. Viele der heutigen Rezepte basieren auf der alten Regel, es wird aber meist Rum anstelle von Arrak und oft Rotwein anstelle von Tee verwendet.

Bowlen sind beliebte Sommer-Kaltgetränke mit Wein, Sekt und Früchten. Die bekannte Feuerzangenbowle wurde historisch irrtümlich als Bowle bezeichnet, ist jedoch den Punschen zuzuordnen.

Toddy Der Name Toddy ist seit dem 17. Jahrhundert bekannt und von alters her in Indonesien, Sri Lanka, Südindien und Thailand die Bezeichnung für Palmwein. Dieser wird durch Anzapfen von verschiedenen Palmenarten gewonnen. Der zuckerreiche Saft ist ein wichtiger Bestandteil bei der Herstellung von Arrak, und durch ihn entsteht bei diesem auch die geschmackliche Nähe zum Rum. Dieser Arrak, gesüßt und mit heißem Wasser verlängert, war der Ursprung der Hot Toddies. Die klassischen Toddy-Rezepte haben Whisky, Rum oder Cognac als Basis, dazu kommen heißes Wasser, Zucker und eine mit Nelken gespickte Zitronenscheibe. Sie sind an kalten Tagen hervorragende Wärmequellen.

Gläser und Tassen

Zum Servieren und Trinken der heißen Getränke eignen sich Gläser und Tassen mit Henkel. Bekannt ist das klassische Teeglas, das zudem feuerfest ist, also kochendes Wasser verträgt. Dieses ist auch für Grogs und Glühweine geeignet, jedoch nicht besonders originell. Kaffeegetränke können sowohl in Gläsern (Irish Coffee etc.), als auch in Bechern oder Tassen serviert werden. Drinks mit Schokolade oder Milch sollte man in Becher geben, Wein- und Fruchtdrinks aber in Gläser. Generell gilt, dass alles erlaubt ist, wenn es zweckmäßig ist. Allerdings sollte man den optischen Aspekt nicht vernachlässigen. Ein Irish Coffee in einer Kaffeetasse oder in einem Teeglas ist genauso wenig passend wie eine Hot Sangria im Bierglas. Lassen Sie sich von den Gläsern und Tassen auf den Fotos dieses Buches inspirieren – denn das Auge trinkt mit.

Achtung

Heiße Getränke sind mit Vorsicht zu genießen. Besonders Metallgefäße erhitzen sich sehr. Am besten feuerfeste Gläser mit Henkel, dicke Gläser mit Stiel oder dicke Porzellantassen verwenden. Zudem empfiehlt es sich, vor dem ersten Schluck mit einem Teelöffel oder durch vorsichtiges Verkosten zu überprüfen, wie heiß das Getränk ist.

Gewürze und Co.

Gewürznelken braucht man für Punsche, heiße Wein- und Teegetränke.

Glühweingewürz besteht meist aus Zimt, Gewürznelken, Orangen- und Zitronenschalen und oft auch Sternanis.

Honig schmeckt wegen seines hohen Frucht- und Traubenzuckergehalts sehr süß und ist gesünder als Zucker. Es gibt ihn in vielen, nach der botanischen Herkunft unterschiedlichen Sorten.

Kandiszucker Mit Kandis bezeichnet man Kristalle aus Zucker, die aus konzentrierten Zuckerlösungen auskristallisieren. Das Wort stammt aus dem Arabischen und wurde aus dem Italienischen ins Deutsche übernommen. Als Kandieren bezeichnet man auch den Vorgang, Früchte mit stark konzentrierter Zuckerlösung zu durchtränken und zu überziehen. Der Fadenkandis ist das edelste Produkt der Zuckerfabrikation. Dabei werden in Kristallisationsgefäßen Fäden gespannt, an denen in einem mehrwöchigen Prozess die Kandisstangen wachsen. Bei Kandissticks geschieht dies an kleinen Holzstäben. Kluntje nennt man den großen weißen Würfelkandis, der ein wichtiges Utensil bei der friesischen Teezeremonie ist. Da er sich nur langsam auflöst, ist er bei Tee- und Grogtrinkern beliebt. Außerdem liebt man das Klingelgeräusch, das die Kluntje beim Zerspringen erzeugen. Krustenkandis erhält seine braune Farbe und seinen Geschmack durch zugesetzten Karamelzucker. Krümelkandis ist gestoßener weißer oder brauner Kandis.

Muskatnuss ist eines der wichtigsten und bekanntesten Gewürze. Es wird für viele Heißgetränke verwendet und ist frisch gerieben am aromatischsten.

Sahne Die Sahne für Sahnehauben sollte nur leicht geschlagen werden und noch etwas flüssig sein.

Schokolade Schokolade zum Bestreuen von Sahnehauben auf Getränken gibt es als Schokoladeblättchen, -streusel, -flocken und -raspeln.

Sirupe Gut zu Heißgetränken passen Amaretto, Haselnuss, Karamell, Mandel, Schokolade und Vanille.

Sternanis Alle Sternanisarten enthalten ein ätherisches Öl, das dem Mittelmeer-Anis ähnlich ist. Die holzigen, meist achtzackigen Sternanisfrüchte kommen hauptsächlich aus Ostasien und sind eine beliebte aromatische Zutat bei vielen heißen Tee- und Weingetränken.

Vanille ist »die Königin unter den Gewürzen«. Die bei uns bekannte Bourbon-Vanille erhielt ihren Namen von der im Indischen Ozean liegenden und früher als Île Bourbon bekannten Insel Île de la Réunion. Als besonders aromatisch gilt das Vanillemark. Um es zu gewinnen, schneidet man die Vanilleschote der Länge nach auf und kratzt die Samen mit dem anhaftenden Öl heraus. Abgewaschene und getrocknete Vanillestangen können mehrfach verwendet werden.

Vanillezucker ist Zucker, welcher mindestens 25 Prozent echte Vanille enthält.

Vanillin wird synthetisch hergestellt und ist ein höchst bedeutender Aromastoff, jedoch kein vollwertiger Ersatz für die echte Vanille.

Zimt ist unentbehrlich bei Heißgetränken wie dem Glühwein. Es gibt ihn als Stangenzimt und auch gemahlen. Für heiße Drinks verwendet man meist die Rinde des Zimtbaums und zwar deren dünne Innenschicht, die sich röhrenartig zusammenrollt.

Zitrusfrüchte Oft wird die Schale von Orangen und Zitronen abgerieben oder in Spiralen abgeschält. Dazu sollten unbehandelte Früchte verwendet werden. Die geriebenen Schalen gibt es auch fertig zu kaufen.

Spirituosen und Getränke

Alkoholfreier Wein Aus dem Jahr 1908 stammt das erste deutsche Patent zur Herstellung von alkoholfreiem Wein. Schon im Altertum war bekannt, dass sich durch Erhitzen die berauschenden Substanzen im Wein lösten und verflüchtigten. Nach dieser Methode wird bis heute der Wein entalkoholisiert, allerdings ist das Verfahren inzwischen technisch verfeinert und äußerst anspruchsvoll geworden. Bei der Entalkoholisierung werden die Weine im Vakuum auf nur 28 °C erwärmt. Bereits bei dieser geringen Erwärmung entweicht der Alkohol, wird abgekühlt und in Auffangbehältern gesammelt. Die leicht flüchtigen Aromastoffe, die ansonsten bei der Destillation den Alkohol begleiten, bleiben dabei dem entalkoholisierten Wein erhalten. Sie werden aufgefangen und in einem speziellen Verfahren, der Aroma-Rückgewinnung, dem entalkoholisierten Wein wieder zugeführt. Das gesamte Verfahren benötigt nur wenige Minuten und ist auch dadurch äußerst effektiv. Der so entstandene alkoholfreie Wein bleibt mit einem Alkoholgehalt von bis zu 0,2 % vol deutlich unter der vorgeschriebenen Obergrenze von 0,5 % vol für alkoholfreie Produkte. Alkoholfreier Wein bringt den vollen Weingeschmack in die Getränke ein, ohne den Alkoholpegel im Blut ansteigen zu lassen.

Amaretto Dieser bekannte italienische Mandellikör wird unter vielen Markennamen angeboten. Seine Hauptzutaten sind natürlicher Mandelextrakt, verschiedene Geschmacksaromen und Bourbon-Vanille. Die bedeutendste Marke ist der »Disaronno Originale«, der zusätzlich einen Extrakt aus Aprikosenkernöl enthält.

Arrak Der Name Arrak kommt aus dem Arabischen. Alle destillierten Getränke des Orients wurden früher so bezeichnet. Der Oberbegriff Arrak stand – trotz der sehr verschiedenen Ausgangsprodukte – für die Spirituosen vom Nahen Osten bis zu den Philippinen. Nach Deutschland wird fast ausschließlich »Batavia-Arrak« aus Java (Indonesien) importiert. Gute Qualitäten gibt es auch an der Westküste Indiens, in Sri Lanka und Thailand. Arrak wird durch Vergärung und anschließende Destillation von Reis, Zuckerrohrmelasse und/oder Palmwein (siehe Toddy) nach verschiedenen Verfahren hergestellt. Bei den Pflanzensäften spielt der zuckerreiche Palmwein, der durch Anzapfen von verschiedenen Palmenarten gewonnen wird, eine wichtige Rolle. Speziell beim Arrak aus Java erinnert dadurch das Endprodukt an Rum. Dieser war es auch, der den bei den Heißgetränken und in der Konditorei vielfach verwendeten Arrak verdrängte. Seit den 1960/1970er-Jahren ersetzte der Rum immer mehr den Arrak, der heute nur noch vereinzelt in Deutschland angeboten wird.

Cachaça (sprich: Kaschassa) ist ein brasilianisches Zuckerrohrdestillat. Im Gegensatz zum Rum, der hauptsächlich aus Melasse, den Rückständen bei der Zuckergewinnung, hergestellt wird, ist Cachaça ein Destillat aus noch grünem Zuckerrohr. Deshalb sollte man Rum keinesfalls mit Cachaça vergleichen, denn lediglich das Ausgangsprodukt ist identisch. Cachaça wird meist wasserklar, aber durch Karamell auch golden getönt, mit 39 bis 43 % vol angeboten.

Cream Liqueure Diese haben nichts mit den ehrwürdigen Likören gemeinsam, die als »Crème de Cacao«, »Crème de Bananes« oder »Crème de Cassis« angeboten werden. Die Cream Liqueure sind dagegen verhältnismäßig jung. Ihren Ursprung hatten sie im 1975 eingeführten »Baileys«. Sie weisen als Basis immer Sahne auf, dazu kommen eine Spirituosen- oder Likörsorte sowie Zucker und aromatische Substanzen. Die bekanntesten Marken sind »Baileys« und »Carolans« aus Irland und der »Amarula« aus Südafrika.

Cognac Der berühmteste Weinbrand ist eines der bekanntesten Erzeugnisse Frankreichs. Er wird ausschließlich in der im Südwesten des Landes liegenden Charente-Region hergestellt, deren Mittelpunkt die Stadt Cognac ist. Der Cognac verdankt seine Originalität der strengen Abgrenzung des Herstellungsgebiets, den

Böden, dem Klima, den Rebsorten und seiner Herstellungsweise. Da Cognac mit wenigen Ausnahmen immer aus einer Mischung verschiedener Destillate besteht, ist es wichtig, die Etiketten interpretieren zu können, um Rückschlüsse auf sein Alter, seine Besonderheiten und seine Qualität ziehen zu können.

Eierlikör wird meist unter dem Phantasienamen »Advocaat« angeboten. Diese Bezeichnung leitet sich von der Avocadofrucht ab, die ursprünglich in Südamerika beheimatet war und nach Indonesien und Indien gebracht wurde. Die Niederländer stellten in ihren Kolonien aus Avocado, Alkohol und Gewürzen einen Likör her, dessen wichtigste Zutat, die Avocado, in Mitteleuropa jedoch nicht wuchs, so dass man sie durch Eigelb ersetzte. Eierliköre bestehen aus Alkohol, Zucker und Eigelb, wobei ein Liter Likör mindestens 140 Gramm Eigelb enthält.

Kaffeelikör Zur Herstellung von Kaffeelikör dienen nur frisch geröstete Kaffeebohnen. Diese werden gemahlen und das Kaffeepulver perkoliert, d. h. ständig mit Alkohol übergossen, der die Extrakt-, Aroma- und Farbstoffe auszieht. Das so gewonnene Perkolat wird dann mit Gewürzen wie Muskatnuss, Zimt, Vanille und Zucker geschmacklich angereichert. Die größte Marke, der »Kahlúa«, kommt aus Mexiko, der ebenfalls weltbekannte »Tia Maria« aus Jamaika.

Lime Juice Damit ist bei Cocktailrezepten kein Saft, sondern ein spezieller Limettensirup gemeint. Er wurde 1865 von Mr Lauchlan Rose entwickelt und war der erste konservierte Fruit-Drink seiner Zeit. Lime Juice wird aus konzentriertem Limettensaft, Wasser und Zucker hergestellt. Die großen Sirupproduzenten haben heute alle einen Lime Juice im Programm.

Maraschino Der wasserhelle Maraschino ist zwar ein Kirschlikör, doch er unterscheidet sich weitgehend von den bekannten roten Fruchtsaftlikören und dem Cherry Brandy. Die Grundlage des Maraschino sind dalmatinische Maraskaweichseln. Aus diesen wird bis heute der um 1820 in Zadar (Kroatien) entwickelte Maraschino in einem aufwendigem Verfahren hergestellt. Viele Likörproduzenten haben auch Maraschino im Programm. Maraschino ist verhalten süß, mit intensivem Kirschgeschmack und einer leichten Kernnote.

Portwein Einst Wein der Könige – heute immer noch ein König unter den Weinen. Ob herb, süß, weiß oder rot – Portwein gibt es für jede Gelegenheit. Beim Port bzw. Portwein handelt es sich um behandelte Weine einer bestimmten Region in Portugal. Diese liegt im Norden des Landes am Fluss Douro. Einer der wichtigsten Herstellungsschritte bei der Portweinbereitung ist die Zugabe von Alkohol während der Gärung. Diese stoppt den

Gärprozess, und damit wird u. a. die Süße des Weins gesteuert. Die bekanntesten Sorten sind der rubinfarbene »Ruby Port« und der etwas hellere »Tawny Port« (lohfarben). Von den vielen Qualitätsstufen sind die »LBV« (Late Bottled Vintage) und die »Vintage Ports« das Nonplusultra. Portwein gibt es auch in Weiß, dabei sind die herben Ports meist preisgünstiger als die süßen. Geeignet für Heißgetränke sind sie alle in vielen Kombinationen.

Rum Seit Ende des 19. Jahrhundert ist in Deutschland der Jamaika-Rum-Verschnitt bekannt. Diese heute nur noch in Deutschland zugelassene Spirituose besteht aus reinem Alkohol, Wasser und zu mindestens 5 Prozent aus aromastarkem Rum. Er erlebte seine Blütezeit bis in die 1970er-Jahre, in denen Rum noch hauptsächlich für Grog und als Zugabe für Tee verbraucht wurde. Die dann beliebt gewordenen Mixgetränke verlangten nach den Rumsorten der Karibik, und diese sind heute in großer Vielfalt zu haben. Das Ausgangsprodukt für den Rum ist das Zuckerrohr. Christoph Kolumbus brachte 1494 auf seiner zweiten Reise Zuckerrohrpflanzen mit nach Westindien und legte damit den Grundstein für eine der größten Spirituosensorten. Europäische Siedler stellten um 1630 auf der Insel Barbados erstmals Rum her. Das wichtigste Produktionsgebiet wurde später die Insel Jamaika. Mehrere Deutungen gibt es über den Ursprung des Namens. Eine glaubhafte Annahme ist, dass sein Name von »Saccharum«, dem lateinischen Wort für Zucker, abstammt. Bei der Zuckerproduktion bleibt ein dickflüssiger dunkler Sirup, die Melasse, zurück. Diese wird mit Wasser verdünnt und nach der Vergärung destilliert. Anschließend reift der Rum oft Jahrzehnte in Holzfässern und erhält dort auch einen Teil seiner Farbe. Durch den Zusatz von Zuckercouleur (Karamell) erhält der Rum dann seinen endgültigen Farbton. Im Gegensatz dazu reift weißer Rum nur kurz in Holzfässern oder in Stahltanks unter Sauerstoffzufuhr. Auf den Exportmärkten werden fast alle Rummarken der karibischen Inseln, Mittel- und Südamerikas angeboten. In Deutschland belegt Rum der karibischen Inseln bis heute die Spitzenplätze.

Sherry Die Heimat des Sherry ist Andalusien im Süden Spaniens. In dieser Region an der Atlantikküste um die Stadt Jerez de la Frontera entsteht seit Jahrhunderten einer der facettenreichsten Weine. Wie beim anderen großen Likörwein, dem portugiesischen Port, wird auch beim Sherry die Gärung durch Alkoholzugabe gesteuert. Einer der wichtigsten Herstellungsschritte ist die Reifung im Solera-System. Darin wird Wein des gleichen Typs in übereinanderliegenden Fassreihen in einem langjährigen Vorgang gemischt, und zwar so, dass der aus der unteren Fassreihe entnommene Wein durch den Wein aus der darüberliegenden Fassreihe ersetzt wird. Dies gewährleistet eine immer gleichbleibende Qualität und Reifung.

Sherry gibt es von sehr hell bis rot und sehr trocken bis sehr süß. In der Regel sind die hellen Sorten herber, die roten milder und süßer. Sherry bietet eine unglaubliche Geschmacksvielfalt und ist auch bei Heißgetränken eine beliebte Zutat.

Sirupe Neben den klassischen Fruchtsirupen gibt es auch Sorten, die sich zum Aromatisieren von Kaffee und zur Zubereitung von Heißgetränken bestens eignen. Beliebt sind vor allem Amaretto, Haselnuss, Karamell, Kokosnuss, Mandel, Schokolade und Vanille.

Weinbrand Neben dem Korn ist der Weinbrand die bekannteste deutsche Spirituose. Die Bezeichnung wurde von Hugo Asbach geprägt und 1923 in das deutsche Weingesetz übernommen. Seit 1998 unterscheidet man zwischen Weinbrand und Deutschem Weinbrand. Für letzteren gelten höhere Anforderungen und ein Mindestalkoholgehalt von 38 % vol.

Whisky & Whiskey Der bekannteste und weltweit meistgetrunkene Whisky ist der Blended Scotch Whisky. Dieser aus Malt- und Grain-Destillaten gemischte Whisky wird in unzähligen Marken angeboten, während der Anteil der reinen Malt Whiskys nur etwa acht Prozent beträgt. Die weiteren klassischen Whiskyländer sind Irland, die USA und Kanada. Hierzulande fast unbekannt ist, dass auch Japan und Indien als Whiskyproduzenten eine führende Rolle spielen und viele weitere Länder erhebliche Mengen an Whisky produzieren. Die Schreibweise Whisky ohne »e« wird für schottische und kanadische sowie von den meisten »neuen« Whiskyländern angewandt. Mit »e« schreibt man Whiskey in den USA (es gibt Ausnahmen) und durchwegs in Irland.

Wodka Das russische Nationalgetränk hatte seinen Ursprung wahrscheinlich in Polen; unzählige Destillerien produzieren bis heute unglaubliche Mengen der Spirituose. Bis zu Beginn des 20. Jahrhunderts war Wodka nur in diesen beiden Ländern bekannt. Erst nach dem Ersten Weltkrieg begannen Emigranten außerhalb ihrer alten Heimat mit der Wodkaproduktion. Der internationale Aufstieg begann dann in den 1960er-Jahren in den USA. Seither wird Wodka in großem Umfang auch in Finnland, Schweden, Deutschland, England, Kanada und in den USA hergestellt. Heute besteht Wodka fast immer aus Getreide, und im Gegensatz zu anderen Spirituosen versucht man beim Wodka, durch mehrfaches Destillieren und Filtern ein reines, neutrales und weiches Produkt zu erhalten. Es gibt aber auch Wodkas mit Geschmack. Neben dem Klassiker, dem mit Büffelgras aromatisierten »Zubrowka«, sind auch der Pfeffer- und der Zitronenwodka schon lange bekannt. Relativ neu sind die modernen fruchtigen Flavoring Wodkas und der Vanille Wodka.

Asbach
URALT
AMARULA
CREAM
SINCE 1703
MOUNT GAY RUM
BARBADOS
ECLIPSE
RÉMY MARTIN
FINE CHAMPAGNE COGNAC
V.S.O.P
HENDRICK'S
GIN
DRAMBUIE
THE SPIRIT LIVES ON

Heiße Drinks mit Alkohol

Hot Caipi

Für 1 Drink

1 Limette (unbehandelt)
2–3 EL brauner Rohrzucker
6 cl Cachaça
1 Becher/Glas Wasser

Die Limette waschen, in acht Teile zerschneiden und in einen Becher oder in ein dickwandiges Glas geben. Mit einem Holzstößel die Limettenstücke leicht ausdrücken und den Zucker darüber streuen. In einem kleinen Topf ausreichend Wasser erhitzen und in das Gefäß geben. Den Cachaça dazugießen und den Drink mit einem langen Löffel gut umrühren.

Tipp **Einen Minzezweig zu den Limettenstücken geben und ebenfalls zerdrücken. Die Minze verleiht dem Hot Caipi eine zusätzliche frische Note.**

Pitú Cachaça (sprich: Kaschassa) ist die Nationalspirituose Brasiliens und steht in der Beliebtheitsskala der Spirituosen nun auch in Deutschland ganz oben. Cachaça ist ein Destillat aus frischem, grünem Zuckerrohr und sollte nicht mit Rum verwechselt werden. Die Marke »Pitú« wurde bereits in den 1950er-Jahren von der Münchner Spirituosenfirma Riemerschmid nach Deutschland importiert. Nach einem langen Schattendasein als unbeachtete exotische Spirituose war »Pitú« zu Beginn der Caipirinha-Welle verfügbar und belegt seither den ersten Platz in der Hitliste der Cachaças in Deutschland.

Hot Morango Caipi

Für 1 Drink

1 Beutel Erdbeertee
1 Tasse Wasser
1 Orange (unbehandelt)
2 cl Zitronensaft
3 cl Erdbeersirup
4 cl Cachaça

Eine Tasse Erdbeertee zubereiten und diesen heiß halten. Mit einem Spiralschneider eine lange Orangenschalenspirale abschälen und diese zur Hälfte in eine Tasse einhängen.
In einem kleinen Topf den Zitronensaft und den Erdbeersirup erhitzen und den Cachaça dazugeben. Die heiße Mischung in die Tasse gießen und mit dem Erdbeertee auffüllen.

Tipp **Dieses Rezept lässt sich mit anderen fruchtigen Teesorten und dazu passenden Sirupen abändern, und wer es stärker mag, nimmt mehr Cachaça.**

Hot Batida de Mel

Für 1 Drink

1 Limette (unbehandelt)
1 Glas/Becher Wasser
6 cl Rose's Lime Juice
1 EL Honig
6 cl Cachaça

Die Limette in acht Teile zerschneiden und in ein dickwandiges Glas oder in einen Becher geben. Mit einem Holzstößel die Limettenteile leicht ausdrücken. In einem kleinen Topf ausreichend Wasser mit dem Rose's Lime Juice und dem Honig unter ständigem Umrühren erhitzen und den Cachaça dazugeben. Die heiße Mischung in das vorbereitete Gefäß gießen und mit einem langen Löffel umrühren.

Tipp **»Rose's Lime Juice« ist ein Limettensirup, der seit seiner Entstehung unter der Bezeichnung »Juice« angeboten wird. Dieser kann durch andere Limettensirupe ersetzt werden, jedoch keinesfalls durch Limettensaft.**

Hot Maracuja Caipi

Für 1 Drink

1 Limette (unbehandelt)
1 Becher/Glas Wasser
3 cl Maracujasirup
1 Sternanis
5 cl Cachaça

Die Limette in acht Stücke schneiden und in einen Becher oder in ein dickwandiges Glas geben. Mit einem Holzstößel die Limettenstücke leicht ausdrücken. In einem kleinen Topf ausreichend Wasser mit dem Maracujasirup und dem Sternanis erhitzen und den Cachaça dazugeben. Die heiße Mischung in das vorbereitete Gefäß gießen und mit einem langen Löffel umrühren.

Jagertee

Für 1 Drink

1 Beutel schwarzer Tee
heißes Wasser
20 cl kräftiger Rotwein
3 TL Zucker
1 Zimtstange
2 Gewürznelken
4 cl brauner Rum mit etwa 40 % vol
4 cl Obstler
½ Orangenscheibe (unbehandelt)

Eine Tasse starken schwarzen Tee kochen und heiß halten. Den Rotwein mit Zucker, Zimt und den Gewürznelken in einen kleinen Topf geben und erhitzen, aber nicht kochen. Den Rum und den Obstler dazugeben. Die heiße Mischung mit den Gewürzen in ein feuerfestes Henkelglas geben und mit dem heißen Tee auffüllen. Die halbe Orangenscheibe einlegen.

Grog

Für 1 Drink

heißes Wasser

4–6 cl deutscher Verschnitt-Rum oder brauner Rum mit beliebigem Alkoholgehalt

1–2 TL weißer oder brauner Kandiszucker oder Kandissticks

Ein feuerfestes Henkelglas zu zwei Dritteln mit heißem Wasser füllen und den Rum dazugeben. In den somit schon fertigen Grog Kandiszucker oder Kandissticks nach Belieben geben. Die Menge des Rums und dessen Stärke beeinflusst natürlich den Geschmack des Drinks. Je mehr Rum man nimmt, umso »steifer« wird der Grog.

Tipp **Da sich der Kandiszucker nur langsam auflöst, dauert es eine Weile, bis sich die gewünschte Süße einstellt. Hier ist der persönliche Geschmack gefragt, ebenso wie bei der Frage, wann der heiße Grog trinkbar ist.**

Rotwein-Grog

Für 1 Drink

4 cl Orangensaft
16 cl Rotwein
3 TL brauner Zucker
1 Zimtstange
2 Gewürznelken
1 Orangenschalenspirale (unbehandelt)
4 cl brauner Rum mit etwa 40 % vol

Alle Zutaten (ohne den Rum) in einen kleinen Topf geben und unter Umrühren erhitzen, aber nicht kochen. Den Rum dazugeben. Die heiße Mischung mit den Gewürzen und der Orangenschalenspirale in ein großes feuerfestes oder in ein dickwandiges Glas abgießen.

Hot Cosmopolitan

Für 1 Drink

3 cl Wodka
3 cl Cointreau (Orangenlikör)
2 cl Limettensaft
10 cl Cranberrynektar
Orangenschalenspirale (unbehandelt)
Limettenschalenspirale (unbehandelt)

Alle Zutaten in einen kleinen Topf geben und erhitzen, aber nicht kochen. Die heiße Mischung in ein feuerfestes oder dickwandiges Glas abgießen und die Zitrusschalen entfernen.

Tipp **Dieser Drink ist die »Hot«-Version des Cocktails Cosmopolitan, der durch die US-Fernsehserie »Sex in the City« berühmt wurde.**

Cointreau Im Jahre 1849 legten die Brüder Edouard und Adolphe Cointreau in Angers, in der französischen Region Anjou, den Grundstein für das weltbekannte Unternehmen »Cointreau«. Bis heute ist die Firma in Familienbesitz und wird in der fünften Generation von den direkten Nachfahren geleitet. Am Anfang stand die Herstellung von Likören aus Früchten der Umgebung. 1975 übernahm Edouard Cointreau jun. die kleine Firma. Er wollte einen gänzlich anderen Likör kreieren, der klar und aromatisch sein sollte. Er experimentierte so lange, bis er einen kristallklaren Liqueur mit bittersüßem Orangenaroma und reichem Bouquet entwickelt hatte. Die Basis für »Cointreau« sind heute die Schalen von süßen und bitteren Orangen aus Haiti, Brasilien und Spanien. Diese werden in Angers nach dem damaligen Rezept und den neuesten Erkenntnissen der Destillation verarbeitet. »Cointreau« ist als klarer Orangenlikör die weltweit führende Marke.

Tee-Grog

Für 1 Drink

1 Beutel schwarzer Tee
heißes Wasser
4 cl brauner Rum mit etwa 40 % vol
2 cl Cointreau (Orangenlikör)
1 TL Zitronensaft
1 TL Zucker
1 Orangenschalenspirale (unbehandelt)

Eine Tasse starken schwarzen Tee kochen und heiß halten. Die anderen Zutaten in einen kleinen Topf geben und nur kurz erhitzen. Die Mischung in ein feuerfestes oder dickwandiges Glas geben und mit dem heißen Tee auffüllen.

Info **Die Angabe »% vol« auf alkoholischen Getränken bezieht sich auf den Gehalt von reinem Alkohol in einer Spirituose bzw. in einem Wein. Er wird als Volumenprozent und nicht als Gewichtsprozent angegeben, da Alkohol eine geringere Dichte als Wasser hat.**

Royal Grog

Für 1 Drink

2 cl Weinbrand oder Cognac
4 cl Cointreau (Orangenlikör)
4 cl Weißwein
1 Zimtstange
1 Glas heißes Wasser
1–2 TL brauner Rohrzucker
1 Zitronenscheibe (unbehandelt)

Weinbrand/Cognac und Cointreau mit dem Weißwein und der Zimtstange in einem kleinen Topf erwärmen, aber nicht kochen. In ein feuerfestes Henkelglas gießen. Mit heißem Wasser auffüllen und nach Belieben mit etwas Zucker süßen. Zum Schluss eine Zitronenscheibe dazugeben.

Glühwein

Für 1 Drink

20 cl Rotwein
1 TL Zitronensaft
1 Zimtstange
2 Gewürznelken
1 Zitronenscheibe (unbehandelt)
2–3 TL Kristallzucker

Den Rotwein mit dem Zitronensaft, der Zimtstange, den Gewürznelken und der Zitronenscheibe in einem kleinen Topf erhitzen, aber nicht kochen. In ein hitzebeständiges Glas geben. Nach Belieben die Gewürze herausnehmen und den Glühwein mit Zucker süßen.

Tipp **Anstelle der Zimtstange und den Gewürznelken kann man natürlich auch einen Glühweingewürzbeutel verwenden. Das Rezept ist sehr variabel. Dazu passen auch Cointreau, Rum oder Cognac/Weinbrand sowie Sternanis als weiteres Gewürz.**

Whisky-Apple-Toddy

Für 1 Drink

16 cl Apfelsaft
1 Zimtstange
4 cl Scotch Whisky
2 TL Zucker
1 Zitronenscheibe (unbehandelt)
4 Gewürznelken

Den Apfelsaft und die Zimtstange in einen kleinen Topf geben und erhitzen. Den Whisky dazugeben. Den Drink in ein großes Whiskyglas abgießen und nach Belieben mit Zucker süßen. Die Zitronenscheibe mit den Gewürznelken spicken und in das Glas geben.

Info **Um flüssige Zutaten von Zentiliter (cl) auf 10 Milliliter (ml) umzurechnen, bedient man sich folgender Formel: 1 cl = 10 ml. Demnach sind 16 cl Apfelsaft = 160 ml Apfelsaft.**

Hot Claret Cup

Für 1 Drink

20 cl trockener Rotwein (Bordeaux)
2 cl Maraschino Liqueur
3 cl Weinbrand oder Cognac
frisch geriebene Muskatnuss
3 TL Kristallzucker

In einem kleinen Topf den Rotwein erhitzen, aber nicht kochen. Maraschino, Weinbrand/Cognac und Muskatnuss dazugeben. Den Drink in ein geeignetes Glas oder in eine Tasse gießen und nach Belieben süßen.

Tipp **Der in England beliebte Claret Cup wird gerne stilecht in einem Silberpokal oder ähnlichen Gefäß serviert. Solche Pokale erhitzen sich jedoch sehr, und man sollte mit dem Trinken warten, bis sich der Pokal und sein Inhalt etwas abgekühlt haben.**

Weißer Glühwein

Für 1 Drink

10 cl Weißwein
10 cl heller Traubensaft
1 Zimtstange
2 Gewürznelken
1 Sternanis
½ Orangenscheibe (unbehandelt)
1 cl Cointreau (Orangenlikör)
1 cl brauner Rum mit etwa 40 % vol
Zucker oder Honig nach Belieben

Weißwein, Traubensaft, Gewürze und Orangenscheibe in einem kleinen Topf erhitzen, aber nicht kochen. Cointreau und Rum dazugeben und in ein feuerfestes Henkelglas abgießen. Nach Belieben mit Zucker oder Honig süßen.

Tipp **Anstelle der Gewürze kann man natürlich auch einen Beutel Glühweingewürz verwenden. Außerdem kann man die doppelte Menge Wein nehmen und den Traubensaft weglassen oder die Anteile von Wein und Traubensaft verändern.**

Hot Toddy

Für 1 Drink

3 cl Zitronensaft
etwa 1/8 l heißes Wasser
5 cl Scotch Whisky
2 TL Kristallzucker oder brauner Rohrzucker
1 Zitronenscheibe (unbehandelt)
4 Gewürznelken

Den Zitronensaft mit dem Wasser erhitzen und den Whisky dazugeben. Den Drink in einen großen Whiskybecher gießen und nach Belieben süßen. Die Zitronenscheibe mit den Gewürznelken spicken und dazugeben.

Tipp **Der berühmteste Toddy hat Scotch Whisky als Basis. Toddys sind aber auch mit Gin, braunem Rum, Cognac oder Weinbrand beliebt.**

Grant's Die Whiskydynastie William Grant besitzt das größte unabhängige Unternehmen im schottischen Whiskygeschäft, und ausgelöst durch ihren »Glenfiddich« fand der schottische Whisky zu seinem Ursprung zurück. Im Jahre 1963 setzte man eine risikoreiche Entscheidung um und brachte als Erster den ursprünglichen Malt Whisky auf den Markt. Dies war der »Glenfiddich« in seinen berühmten grünen, dreieckigen Flaschen.

Vor über 120 Jahren erbaute William Grant mit seinen sieben Söhnen im schottischen Städtchen Dufftown die berühmte Glenfiddich Distillery. Wie alle Brennereien vermarktete Grant seinen Whisky direkt und lieferte ihn an die damals aufkommenden Blending-Firmen. Doch auch Grant's eigene Blended Marke »Standfast«, heute »Family Reserve«, wurde zu einer Größe. Hiervon werden jährlich weit über 50 Millionen Flaschen verkauft. Mit weiteren rund 10 Millionen Flaschen ist der »Glenfiddich« der mit Abstand meistverkaufte Single Malt Whisky und die bekannteste Marke.

Zitruspunsch

Für 4 Drinks

4 mittelgroße Orangen (unbehandelt)
2 Grapefruits (unbehandelt)
1 Zitrone (unbehandelt)
etwa 100 g Zucker
1 Zimtstange
2 Gewürznelken
1 Flasche (0,75 l) Weißwein
40 cl brauner Rum mit etwa 40 % vol

Von den Orangen lange Spiralen abschälen und diese in vier geeignete Gläser hängen. Orangen, Grapefruits und Zitrone auspressen und die Säfte in einen Topf geben. Den Zucker, die Gewürze und den Wein dazugeben. Diese Mischung erhitzen (aber nicht kochen) und etwas ziehen lassen. Den Rum dazugeben und den Drink nochmals erhitzen. Die Zimtstange und die Nelken herausnehmen und den Punsch in die vorbereiteten Gläser abgießen.

Hot Sangria

Für 8 Drinks

3 Orangen (unbehandelt)
1 Zitrone (unbehandelt)
4 große, feste, rote Pfirsiche
2 Flaschen (je 0,75 l) trockener Rotwein (Spanien)
20 cl Orangensaft
4 Zimtstangen
15 cl Pfirsichlikör
15 cl Tawny oder Ruby Port
10 cl spanischer Brandy

Die Orangen und die Zitrone spiralförmig schälen. Das Fruchtfleisch der Orangen in Scheiben schneiden und diese vierteln. Die Pfirsiche schälen und in längliche Stücke zerteilen. In einem passenden Topf den Wein, den Orangensaft, die zerteilten Früchte, die Orangen- und Zitronenschalen und die Zimtstangen geben. Erhitzen (aber nicht kochen) und etwa 5 Minuten heiß halten, damit die Früchte im Rotwein ziehen können. Pfirsichlikör, Portwein und Brandy dazugeben und alles nochmals erhitzen. Die Zimtstangen und die Zitronen- und Orangenschalen herausnehmen und die Hot Sangria in passende Gläser füllen.

Brandy Egg Nogg

Für 1 Drink

1 Ei
1–2 TL Kristallzucker
2 cl Sahne
4–6 cl Weinbrand oder Cognac
etwa 12 cl Vollmilch
frisch geriebene Muskatnuss

In einen kleinen Topf Ei, Zucker, Sahne und Weinbrand/Cognac geben und unter ständigem Verrühren erwärmen. Die Milch separat erhitzen. Die Egg Nogg-Mischung in einen großen Becher gießen und mit der heißen Milch auffüllen. Mit einem langen Löffel gut umrühren und etwas Muskatnuss darüber streuen.

Tipp **Für Egg Noggs eignen sich auch brauner Rum und Whisky, dazu Sherry, Port oder Madeira. Muskatnuss ist ein Muss zur Abrundung und Aromatisierung.**

Toasted Almond

Für 1 Drink

10 cl Vollmilch
3 cl Amaretto
3 cl Crème de Cacao braun
1–2 EL leicht geschlagene Sahne
Mandelblättchen

In einem kleinen Topf die Milch erwärmen, aber nicht kochen. Den Amaretto und die Crème de Cacao dazugeben, verrühren und nochmals erwärmen. Den Drink in eine Tasse abgießen. Die leicht geschlagene Sahne darüber geben und mit Mandelblättchen bestreuen.

Feuerzangenbowle

Für etwa 15 Drinks

2 Orangen (unbehandelt)

1 Zitrone (unbehandelt)

3 Flaschen (je 0,75 l) Rotwein (Bordeaux)

2–3 Zimtstangen

6–8 Gewürznelken

1 Zuckerhut

1 Flasche (0,75 l) brauner Rum mit etwa 70 % vol

Eine Orange und die Zitrone schälen. Den Saft von allen Früchten auspressen. In einem Kupferkessel den Wein, die Zitrusschalen, die Zitrussäfte, die Zimtstangen und die Gewürznelken geben. Die Mischung erhitzen (aber nicht kochen) und auf einem Rechaud bei geringer bis mittlerer Wärmezufuhr heiß halten. Eine Feuerzange über den Kessel legen, den Zuckerhut darauf legen und mit Rum tränken. Den mit Rum durchtränkten Zuckerhut anzünden. Dann ständig Rum auf den Zuckerhut nachgießen (Achtung: nur mit Hilfe einer Kelle und nicht direkt aus der Flasche), bis der Zucker abgeschmolzen und in die Weinmischung getropft ist. Zitrusschalen und Gewürze entfernen. Die Feuerzangenbowle mit einer Kelle in Henkeltassen füllen.

Orangenpunsch

Für 1 Drink

1 Beutel schwarzer Tee
heißes Wasser
6 cl Orangensaft
4 cl brauner Rum beliebiger Stärke
2 cl Cointreau (Orangenlikör)
2 cl Zimtsirup
1 Orangenscheibe (unbehandelt)
6 Gewürznelken

Eine Tasse starken schwarzen Tee bereiten und heiß halten. In einem kleinen Topf Orangensaft, Rum, Cointreau und Zimtsirup erhitzen, aber nicht kochen. Die Mischung in ein feuerfestes Henkelglas geben und mit dem heißen Tee auffüllen. Die Orangenscheibe mit den Gewürznelken spicken und in den Punsch geben.

Tipp **Hier sind viele Varianten möglich. Einen feinen Punsch erhält man auch aus Orangensaft, Zucker, Rum und Weißwein.**

Hot Scotch Nightcup

Für 1 Drink

12 cl Vollmilch
3 cl Scotch Whisky
1 1/2 cl Drambuie
1 1/2 cl Crème de Cacao braun
Kakaopulver

Die Milch in einem kleinen Topf erhitzen, aber nicht kochen. Den Whisky und die Liköre dazugeben und umrühren. Den Drink in ein geeignetes Glas oder in eine Tasse gießen. Mit Kakaopulver bestreuen.

Drambuie Eng miteinander verknüpft ist die Geschichte des schottischen Freiheitskampfs mit der Legende um die Entstehung des »Drambuie«. Diese berichtet, dass Bonnie Prince Charlie, der Thronanwärter Prince Charles Edward III. Stuart, das Rezept einem Mitstreiter namens Mackinnon im Jahre 1746 als Dank für die Rettung nach der verlorenen Schlacht von Culloden schenkte. Der Name des Prinzen steht bis heute auf dem Etikett, aber auch The Isle of Skye Liqueur. Auf diese Insel flohen Mackinnon und der Prinz, und während dieser Zwischenstation lernt Prince Charlie den Likör kennen. Im Laufe der Jahrzehnte bildete sich daraus die Legende von der Urheberschaft des Prinzen. Seine Basis ist alter Malt und Grain Whisky, der mit Heidehonig gesüßt und mit Kräutern aromatisiert wird. Er war der Vorläufer aller schottischen Whiskyliköre und ist bis heute die größte Likörmarke der Insel. Sein Name stammt aus dem Gälischen »an dram buidheach« und bedeutet »ein Trank, der zufrieden macht«.

Cerenitos Punch

Für 1 Drink

15 cl Vollmilch
3 cl Carpano Antica Formula Vermouth
2 cl Cointreau (Orangenlikör)
2 cl Tawny Port
1 cl Zuckersirup
frisch geriebene Muskatnuss

Die Milch in einem kleinen Topf erwärmen, aber nicht kochen. Alle anderen Zutaten (ohne Muskatnuss) dazugeben, verrühren und nochmals erwärmen. Den Drink in ein Glas oder in eine Tasse gießen. Mit Muskatnuss bestreuen.

Rezept von Florian Fischer
Bar Manager Hotel Vier Jahreszeiten München

Harrison's Cup

Für 1 Drink

1 Tasse Wasser
1 Spritzer Angostura
3 cl brauner Rum
1 cl Cointreau (Orangenlikör)
1½ cl Mandelsirup
2 cl Limettensaft
3 cl Orangensaft
Orangenschalespirale (unbehandelt)

Das Wasser in einem kleinen Topf erhitzen. Alle anderen Zutaten (ohne Orangenschale) dazugeben und unter Rühren kurz miterwärmen. Den Drink in ein geeignetes Glas oder in eine Tasse gießen. Die Orangenschale dazugeben.

Rezept von Cihan Anadologlu
Head Bartender Hotel Vier Jahreszeiten München

Ponche Español

Für 1 Drink

6 cl Licor 43
1 ½ cl Karamellsirup
1 cl Limettensaft
8 cl Maracujanektar
4 cl Cranberrynektar
½ Orangenscheibe (unbehandelt)

Alle Zutaten (ohne die Orangenscheibe) in einem kleinen Topf erhitzen. Den Punsch in ein feuerfestes Glas abgießen. Die halbe Orangenscheibe dazugeben.

Tipp **»Licor 43« (Cuarenta y Tres) ist die bekannteste Likörmarke Spaniens, und 43 Zutaten sollen für sie verwendet werden. Mit der Kombination aus ätherischen Ölen, Zitrus- und weiteren Früchten, mediterranen Kräutern, pflanzlichen Essenzen und aromatischen Gewürzen schuf man einen charaktervollen, milden und aromatischen Likör.**

COR
43
43

Hendrick's Hot Fruits

Für 1 Drink

4 cl Hendrick's Gin
2 cl Cherry Brandy oder Kirschlikör
3 cl Zitronensaft
1 cl Grenadine
6 cl Ananassaft
einige Ananasstücke

Alle flüssigen Zutaten in einem kleinen Topf erhitzen, aber nicht kochen. In ein feuerfestes Henkelglas oder ein dickwandiges Glas abgießen. Die Ananasstücke dazugeben. Den Drink mit einem Teelöffel oder Cocktailspieß servieren.

Hendrick's Gin In einer zu William Grant & Sons (Grants Scotch, Glenfiddich) gehörenden Destillerie in Girvan, an der Westküste Schottlands, wird seit 1999 der »Hendrick's Gin« hergestellt. Dafür wurden original Destillierapparate aus dem 19. Jahrhundert gekauft und wieder instand gesetzt. Alles an Hendrick's ist anders und außergewöhnlich. So werden in den kleinen, kupfernen Destillierapparaten jeweils nur kleine Chargen von 200 Litern produziert. Beim Wichtigsten, dem Inhalt, ging man ebenfalls völlig neue Wege und löste damit bei seiner Weltpremiere ein kleines Erdbeben aus. Höchste Qualität gab es auch schon vorher, doch mit dem »Hendrick's« verließ man eingefahrene Gleise. Am meisten bewundert wurde die Novität der Würzkomposition. Neben den traditionellen Zutaten wurde hier mit dem blumigen Duft nach Rosen und dem erfrischenden Aroma von Gurken etwas völlig Neues vorgestellt. Dazu kam noch der Alkoholgehalt mit 44 % vol. Es war ein großes Experiment, doch heute ist »Hendrick's« der Star im Premium-Gin-Segment.

Hot Amarula Milk

Für 1 Drink

10 cl Vollmilch
2 cl Sahne
4 cl Amarula Fruit Cream Liqueur
1 ½ cl Amaretto
2 cl Scotch Whisky
Kakaopulver

In einem kleinen Topf die Milch erwärmen, aber nicht kochen. Die Sahne, die Liköre und den Whisky dazugeben, verrühren und nochmals erwärmen. Den Drink in einen vorgewärmten Amarula-Elefanten-Becher oder in eine Tasse abgießen und mit Kakaopulver bestreuen.

AMARULA
MARULA FRUIT
CREAM
AMARULA
MARULA FRUIT
CREAM

Elefantenkaffee

Für 1 Drink

4 cl Amarula Fruit Cream Liqueur
1 Tasse starker, heißer Kaffee
leicht geschlagene Sahne
Schokoladenflocken

Den Amarula Liqueur in einen vorgewärmten Amarula-Elefanten-Becher oder in eine Tasse geben. Den Kaffee dazugießen und mit einem langen Löffel umrühren. Den Löffel mit der Wölbung nach unten unmittelbar über den Kaffee halten und über diesen die leicht geschlagene Sahne einlaufen lassen. Mit Schokoladenflocken bestreuen.

Amarula Liqueur Der »Amarula Wild Fruit Cream Liqueur« wurde 1989 in Südafrika erstmals hergestellt. Die Marulafrüchte sind jedes Jahr ein Festessen für die gesamte Tierwelt, und die Auswirkungen, die die angegorenen Marulas haben, konnte man auf höchst vergnügliche Weise in dem berühmten Film »Die lustige Welt der Tiere« beobachten.
Zur Herstellung des »Amarula« wird zunächst aus den Früchten ein Obstbrand gewonnen. Dieser Marulabrand reift anschließend drei Jahre und wird dann mit Sahne verarbeitet. Mit seinem fruchtig-karamelligen Geschmack ist der »Amarula« einzigartig unter den Creamlikören. Sein Alkoholgehalt beträgt 17 % vol.

Hot Amarula Cup

Für 1 Drink

3 cl Amarula Fruit Cream Liqueur
3 cl brauner Rum mit etwa 40 % vol
1 Tasse starker, heißer Kaffee
1 TL Zucker
leicht geschlagene Sahne
Schokoladenflocken

Amarula und Rum in einen vorgewärmten Amarula-Elefanten-Becher oder in eine Tasse geben und den heißen Kaffee dazugießen. Den Zucker dazugeben und mit einem langen Löffel umrühren, bis sich der Zucker aufgelöst hat. Den Löffel mit der Wölbung nach unten unmittelbar über den Kaffeedrink halten und über diesen die leicht geschlagene Sahne einlaufen lassen. Mit Schokoladenflocken bestreuen.

Hot Italian

Für 1 Drink

1/2 TL Schokoladenpulver
1/2 Tasse heiße Vollmilch
3 cl Amaretto
3 cl italienischer Brandy
1/2 Tasse starker, heißer Kaffee
1 TL Zucker
leicht geschlagene Sahne
Kakaopulver

Schokoladenpulver in die heiße Milch rühren. Amaretto und Brandy in ein vorgewärmtes Glas oder in eine Tasse geben. Den heißen Kaffee und die heiße Schokolade dazugießen. Den Zucker dazugeben und mit einem langen Löffel umrühren, bis sich der Zucker aufgelöst hat. Den Löffel mit der Wölbung nach unten unmittelbar über den Kaffeedrink halten und über diesen die leicht geschlagene Sahne einlaufen lassen. Mit Kakaopulver bestreuen.

Rüdesheimer Kaffee

Für 1 Drink

3 Stück Würfelzucker

4 cl Asbach Weinbrand

1 Tasse starker, heißer Kaffee

halbsteif geschlagene, mit Vanillezucker verfeinerte Sahne

Schokoladenflocken

Den Würfelzucker mit dem Asbach Weinbrand in eine vorgewärmte »Rüdesheimer-Kaffee«-Tasse oder in eine andere passende Tasse geben. Mit einem langen Streichholz anzünden und kurz brennen lassen. Den Kaffee bis etwa zwei Zentimeter unter den Tassenrand dazugießen und mit einem langen Löffel gut umrühren. Mit einem Esslöffel die geschlagene Sahne darauf geben. Mit Schokoladenflocken bestreuen.

Rüdesheimer Kaffee Während zum Irish Coffee Irish Whiskey gehört, beruht der Erfolg des Rüdesheimer Kaffees allein auf dem Weinbrand »Asbach Uralt«. Die renommierte Weinbrennerei Asbach in Rüdesheim am Rhein schuf Anfang der 1970er-Jahre das deutsche Gegenstück zu dem irischen Muntermacher. Viel zum Erfolg trugen gewiss die stilechten henkellosen Porzellantassen bei, die nach alten Vorbildern mit historischen Motiven aus dem Rheingau bemalt sind. Rund 20 Millionen Rüdesheimer-Kaffee-Tassen wurden bisher verkauft, und nicht zuletzt dadurch ist der Rüdesheimer Kaffee berühmt geworden.

Hot Brandy Chocolate

Für 1 Drink

1 EL Schokoladenpulver
1 Tasse heiße Vollmilch
2 cl Schokoladensirup
4 cl Weinbrand oder Cognac
leicht geschlagene, mit Vanillezucker verfeinerte Sahne
Schokoladenraspel

In einem kleinen Topf aus Schokoladenpulver und Milch eine Tasse heiße Schokolade zubereiten. Den Schokoladensirup und den Weinbrand/ Cognac dazugeben und alles noch einmal erwärmen, aber nicht kochen. Die Mischung in eine vorgewärmte Tasse gießen. Einen langen Löffel mit der Wölbung nach unten unmittelbar über die Tasse halten und über diesen die leicht geschlagene Sahne einlaufen lassen. Mit Schokoladenraspeln bestreuen.

Hot Alexander

Für 1 Drink

10 cl Vollmilch
3 cl Cognac
3 cl Crème de Cacao braun
1–2 EL leicht geschlagene Sahne
frisch geriebene Muskatnuss

In einem kleinen Topf die Milch erwärmen, aber nicht kochen. Den Cognac und die Crème de Cacao dazugeben, verrühren und nochmals erwärmen. Den Drink in ein geeignetes Glas oder in eine Tasse abgießen. Die leicht geschlagene Sahne darüber geben und mit etwas Muskatnuss bestreuen.

Tipp **Der Brandy Alexander Cocktail ist einer der großen Klassiker der Cocktailgeschichte und einer der berühmtesten Cognacdrinks. Er besteht zu je einem Drittel aus Cognac, Crème de Cacao braun und Sahne. Darüber reibt man etwas Muskatnuss. Die Rezeptur dieses feinen Cocktails diente als Vorlage für den Hot Alexander.**

Rémy Martin Cognac »Rémy Martin« genießt weltweit höchstes Ansehen und ist auf allen internationalen Märkten vertreten. Das Unternehmen wurde 1724 gegründet und entwickelte sich stetig bis zur heutigen Größe. Der »V.S.O.P.« ist die Hauptmarke und einer der größten Erfolge in der jüngeren Geschichte der Markenartikel. Dieser ausgewogene Cognac ist in vielen Ländern und auch in Deutschland in seiner Kategorie die führende Marke. Alle Rémy Martin Cognacs werden zudem nur aus Bränden der hochwertigsten Weingebiete der Cognacregion, der Grande und Petite Champagne komponiert. Neben dem »V.S.O.P.« werden seit 2009 nur noch höherwertige Brände angeboten. Neu ist der fruchtige und weiche »Cœur de Cognac«, der in edle Karaffen abgefüllt wird. Des Weiteren werden mit dem »X.O. Excellence« und dem »Extra« brillante Meisterwerke angeboten, und mit dem Spitzenprodukt »Louis XIII« wurde auch in Deutschland Cognacgeschichte geschrieben.

Surprise Milk

Für 1 Drink

1 große Tasse Vollmilch
2 cl Mozart Gold Liqueur
2 cl Eierlikör
2 cl brauner Rum mit etwa 40 % vol
Zucker nach Belieben
leicht geschlagene Sahne
Schokoladenflocken
Zimtpulver

In einem kleinen Topf die Milch erhitzen und den Mozart Liqueur, den Eierlikör und den Rum dazugeben. In eine große, vorgewärmte Tasse abgießen. Nach Belieben mit etwas Zucker süßen. Einen langen Löffel mit der Wölbung nach unten unmittelbar über die Tasse halten und über diesen die leicht geschlagene Sahne einlaufen lassen. Mit Schokoladenflocken und Zimtpulver bestreuen.

Eiermilchpunsch

Für 6 Drinks

1 l Vollmilch

½ l Sahne

1 cl Vanillesirup

1 TL abgeriebene Orangenschale (unbehandelt) oder ½ Tütchen (2,5 g) Orange Back (Fertigprodukt)

4 Eigelb

150 g Kristallzucker

10 cl Cointreau (Orangenlikör)

10 cl Weinbrand oder Cognac

Schokoladenraspel

Die Milch, die Sahne, den Vanillesirup und die abgeriebene Orangenschale in einem Topf erwärmen. In einem zweiten Topf mit einem Schneebesen die vier Eigelbe mit dem Zucker verrühren. Die heiße Milch-Sahne-Mischung zu der Eigelb-Zucker-Mischung geben und alles mit einem Schneebesen gut verrühren. Den Cointreau und den Weinbrand/Cognac dazugeben und kurz unterrühren. Den Eiermilchpunsch in große Tassen abgießen und mit Schokoladenraspeln bestreuen.

Hot Planter's Punch

Für 1 Drink

1 Spritzer Angostura
1 1/2 cl Grenadine
2 cl Zitronensaft
4 cl Orangensaft
4 cl Maracujanektar
2 Nelken
5 cl dunkler Rum mit etwa 40 % vol
Orangenschale (unbehandelt)

Alle Zutaten (ohne Rum und Orangenschale) in einem kleinen Topf erhitzen. Den Rum dazugeben und gut umrühren. Den Drink in ein feuerfestes Henkelglas oder in ein dickwandiges Glas abgießen. Die Orangenschale dazugeben.

Rezept von Mauro Mahjoub
Mauro's Negroni Club München

Tipp **Der Planter's Punch ist einer der großen Karibikklassiker. Er wird in unzähligen Varianten gemixt. Fruchtsäfte und Rum sind immer dabei.**

Mount Gay Barbados Rum Die Insel Barbados ist die östlichste der Kleinen Antillen und der gesamten Karibik. Sie genießt den Ruhm, die Geburtsstätte des Rums zu sein. Barbados wurde um 1500 von den Spaniern entdeckt und kam 1625 in britischen Besitz. Bereits einige Jahre später begann die Rumproduktion und verbreitete sich von dort über die ganze Karibik. Die Historie der heutigen Mount Gay Destillerie begann im Jahr 1663, in dem William Gay ein Anwesen mit einer dazugehörenden Brennblase erwarb. Die auf den Flaschen angegebene Jahreszahl 1703 verweist auf das Jahr der Registrierung. Ab 1724 nannte man sich Mount Gay. Im Jahr 1989 erwarb die Rémy Cointreau Group die Mehrheit und verhalf dadurch der Marke zu einer weltweiten Präsenz. Von den verschiedenen Sorten ist der »Eclipse« das bekannteste Produkt. Er ist der Rum, der den »Mount Gay« berühmt gemacht hat.

Mozart Coco Choco

Für 1 Drink

1 Tasse Vollmilch
1 EL Schokoladenpulver
4 cl Mozart Gold Liqueur
2 cl Malibu Coconut Liqueur
leicht geschlagene, mit Vanillezucker verfeinerte Sahne
Schokoladenraspel
Kokosraspel

In einem kleinen Topf die Milch erhitzen und das Schokoladenpulver einrühren. In diese heiße Schokolade den Mozart Gold Liqueur und den Malibu Coconut Liqueur geben und alles noch einmal erhitzen, aber nicht kochen. Die Mischung in eine vorgewärmte Tasse gießen. Einen langen Löffel mit der Wölbung nach unten unmittelbar über die Tasse halten und über diesen die leicht geschlagene Sahne einlaufen lassen. Mit Schokoladen- und Kokosraspeln bestreuen.

chocolate
chocolate
chocolate
chocolate

Irish Coffee

Für 1 Drink

4–6 cl Irish Whiskey
1–2 TL brauner Rohrzucker
1 Tasse starker, heißer Kaffee
leicht geschlagene Sahne

Den Whiskey mit dem Zucker und dem heißen Kaffee in ein vorgewärmtes Stielglas geben. Mit einem langen Löffel verrühren, bis sich der Zucker aufgelöst hat. Den Löffel mit der Wölbung nach unten unmittelbar über den Kaffee halten und über diesen die leicht geschlagene Sahne einlaufen lassen.

Tipp **Wie jeder erfolgreiche Drink hat auch der Irish Coffee viele Nachahmer gefunden. Eine große Zahl von Spirituosen und Likören werden allein oder untereinander gemischt anstelle des Irish Whiskeys verwendet.**

Bushmills Irish Whiskey Die berühmte Bushmills-Brennerei liegt im County Antrim an der Nordküste Irlands und ist die einzige Destillerie Nordirlands. Sie gilt als die älteste Whisk(e)y-Brennerei der Welt und besitzt eine originale Brenngenehmigung aus dem Jahr 1608. Alten Schriftstücken zufolge wurde jedoch schon lange vorher an dieser Stelle Getreide gebrannt. Bekannt wurde Irish Whiskey in Deutschland in den 1960er und 1970er-Jahren durch den Irish Coffee. Dieser hatte seinen Ursprung am irischen Flughafen Shannon, wo damals viele Transatlantikflüge einen Zwischenstopp einlegen mussten. Außer der Hauptmarke, dem »Original«, werden auch 10 und 16 Jahre alte Malt Whiskeys angeboten.

Coffee Rhapsody

Für 1 Drink

3 cl Kahlúa Coffee Liqueur

3 cl Amaretto

1 Tasse starker, heißer Kaffee

leicht geschlagene, mit Vanillezucker verfeinerte Sahne

Schokoladenflocken oder drei Kaffeebohnen

Den Coffee Liqueur und den Amaretto in ein vorgewärmtes Stielglas oder in eine Tasse geben und den Kaffee dazugießen. Mit einem langen Löffel verrühren. Den Löffel mit der Wölbung nach unten unmittelbar über den Kaffee halten und über diesen die leicht geschlagene Sahne einlaufen lassen. Schokoladenflocken oder Kaffeebohnen auf die Sahnehaube geben.

Fürstenmilch

Für 1 Drink

1 große Tasse Vollmilch
4 cl Mozart Gold Liqueur
2 cl brauner Rum mit etwa 40 % vol
Zucker nach Belieben
leicht geschlagene, mit Vanillezucker verfeinerte Sahne
frisch geriebene Muskatnuss

In einem kleinen Topf die Milch erhitzen und den Mozart Liqueur und den Rum dazugeben. In eine große, vorgewärmte Tasse abgießen. Nach Belieben mit etwas Zucker süßen. Einen langen Löffel mit der Wölbung nach unten unmittelbar über die Tasse halten und über diesen die leicht geschlagene Sahne einlaufen lassen. Mit Muskatpulver bestreuen.

PEPPERMINT
BAR-SYRUP
PEPPERMINT
BAR-SYRUP
AMARETTO
BAR-SYRUP
AMARETTO
BAR-SYRUP
RASPBERRY
BAR-SYRUP
RASPBERRY
BAR-SYRUP
STRAWBERRY
BAR-SYRUP
STRAWBERRY
BAR-SYRUP
PASSION FRUIT
BAR-SYRUP
MARACUJA
PASSION FRUIT
BAR-SYRUP
Weinkönig
Riesling
Weinkönig
Merlot

Heiße Drinks ohne Alkohol

Glühwein »ohne«

Für 1 Drink

20 cl alkoholfreier Rotwein
2 Gewürznelken
1 Zimtstange
2–3 TL Zucker
½ Zitronenscheibe

In einem kleinen Topf den alkoholfreien Rotwein mit den Nelken und der Zimtstange erhitzen, aber nicht kochen. Den Glühwein in ein hitzebeständiges Henkelglas abgießen. Nach Belieben süßen und die halbe Zitronenscheibe dazugeben.

Tipp **Anstelle der halben Zitronenscheibe kann man auch eine Orangenscheibe verwenden, und statt Nelken und Zimt einen Beutel Glühweingewürz.**

Weihnachtspunsch

Für 4 Drinks

2 Beutel Früchtetee
1 Orange (unbehandelt)
16 Gewürznelken
20 cl alkoholfreier Rotwein
20 cl Sauerkirschnektar
10 cl Orangensaft
4 cl Karamellsirup
2 cl Zimtsirup (oder 4 Zimtstangen)

Etwa 400 Milliliter Wasser aufkochen, zwei Tassen Früchtetee zubereiten und warm halten. Die Orange in Scheiben schneiden und vier Scheiben mit je vier Gewürznelken spicken. Diese in vier feuerfeste oder dickwandige Gläser legen. In einem Topf den alkoholfreien Rotwein, den Sauerkirschnektar und den Orangensaft erhitzen, aber nicht kochen. Den Karamellsirup und den Zimtsirup, bzw. die vier Zimtstangen dazugeben. Nimmt man Zimtstangen, dann den Punsch noch etwa 5 Minuten heiß halten, damit diese durchziehen. Dann den heißen Früchtetee dazugießen und den Punsch in die Gläser gießen, dabei je eine Zimtstange in die Gläser geben.

Rotwein-Frucht-Punsch

Für 4 Drinks

1 Orange (unbehandelt)
1 Flasche (0,75 l) alkoholfreier Rotwein
20 cl Johannisbeernektar
4 cl Kirschsirup
1 Zitronenschalenspirale (unbehandelt)
2 Zimtstangen
4 Gewürznelken
2 Sternanis
Zucker nach Belieben

Von der Orange die Schale in Spiralen abschälen. Die geschälte Orange in Scheiben schneiden, vierteln und die Stücke auf vier feuerfeste Gläser verteilen. In einem Topf den alkoholfreien Rotwein, den Johannisbeernektar und den Kirschsirup erhitzen, aber nicht kochen. Die Zitronenschalenspirale, die Orangenschalen und die Gewürze zur Rotweinmischung in den Topf geben. Das Ganze noch einige Minuten erhitzen, aber nicht kochen. Die Zitronen- und Orangenschalen sowie die Gewürze herausnehmen und den Punsch in die vorbereiteten Gläser geben. Nach Belieben mit Zucker süßen.

Fruchtpunsch

Für 4 Drinks

½ l Wasser
4 Beutel roter Früchtetee
1 Orange (unbehandelt)
20 cl Kirschnektar
10 cl Orangensaft
1 EL Honig
1 Zimtstange

Wasser aufkochen, einen halben Liter Früchtetee zubereiten und heiß halten. Die Orange schälen und vier Scheiben abschneiden. Diese in vier feuerfeste oder dickwandige Gläser legen. In einem Topf den Kirschnektar, den Orangensaft, den Honig und die Zimtstange geben und erhitzen, aber nicht kochen. Den heißen Früchtetee dazugießen und den Punsch in die vorbereiteten Gläser füllen.

Orangen-Winter-Punsch

Für 4 Drinks

4 Orangen (unbehandelt)
2 Äpfel
1 l alkoholfreier Rotwein
2 cl Raspberrysirup (Himbeersirup)
3 Zimtstangen
4 Gewürznelken
2 EL brauner Zucker

Von den Orangen die Schalen in Streifen abschneiden. Die Orangen auspressen. Die Äpfel schälen, entkernen und das Fruchtfleisch in kleine Stücke schneiden. Orangensaft, Apfelstücke, Rotwein, Himbeersirup, Zimtstangen und Gewürznelken in einen Topf geben. Das Ganze erhitzen, aber nicht kochen. Etwas ziehen lassen. Die Gewürze entfernen und den Punsch, wenn nötig, nochmals erwärmen. Die Orangenschalen in vier Gläser oder Tassen geben und den Punsch dazugießen. Nach Belieben mit Zucker süßen und mit kleinen Löffeln servieren.

Paulas Punsch

Für 4 Drinks

40 cl roter Traubensaft
40 cl Apfelsaft
4 cl Zitronensaft
8 cl Orangensaft
1 Zimtstange
1 Vanillestange
4 Gewürznelken
4 längliche Stücke Orangenschalen (unbehandelt)

Die Zutaten – ohne die Orangenschalen – in einen Topf geben und erhitzen, aber nicht kochen. Etwa 5 Minuten heiß halten, damit die Gewürze ziehen können. Die Gewürze entfernen und den Punsch eventuell nochmals erhitzen. Den Drink in feuerfeste Gläser abgießen und nach Gusto je ein längliches Stück Orangenschale und Vanillestange dazugeben.

After Eight Coffee

Für 1 Drink

3 cl Schokoladensirup
1 cl Pfefferminzsirup
1 Tasse starker, heißer Kaffee
leicht geschlagene Sahne
Schokoladenflocken

Schokoladensirup und Pfefferminzsirup in ein vorgewärmtes Stielglas oder in eine Tasse geben und den Kaffee dazugießen. Mit einem langen Löffel verrühren. Den Löffel mit der Wölbung nach unten unmittelbar über den Kaffee halten und über diesen die leicht geschlagene Sahne einlaufen lassen. Mit Schokoladenflocken bestreuen.

Riemerschmid Sirupe Die 1835 in München gegründete Likörmanufaktur Anton Riemerschmid erreichte in der zweiten Hälfte des 20. Jahrhunderts einen großen Bekanntheitsgrad als Produzent innovativer Liköre und Spirituosen. Eine davon war die berühmte Wirtschaftswunderspirituose »Escorial Grün«, die als der außergewöhnlichste Likör deutscher Produktion gilt. Den Trend der Zeit erkennend, begann man bei Riemerschmid zu Beginn der 1980er-Jahre mit der Sirupproduktion. Über 30 klassische und neu entwickelte Sorten werden heute in zwei Produktreihen angeboten. Es gibt Frucht- und Barsirupe, wobei letztere dünnflüssiger sind und speziell für Profimixer entwickelt wurden.

Amarettokaffee

Für 1 Drink

1 Tasse starker, heißer Kaffee
½ TL Schokoladenpulver
4 cl Amarettosirup
leicht geschlagene Sahne
Mandelblättchen

Den heißen Kaffee in einen kleinen Topf gießen, das Schokoladenpulver dazugeben und gut verrühren. Den Amarettosirup einrühren. Die Mischung in ein passendes Glas oder in eine Tasse gießen. Einen langen Löffel mit der Wölbung nach unten unmittelbar darüber halten und über diesen die leicht geschlagene Sahne einlaufen lassen. Mit Mandelblättchen bestreuen.

Hot Coco Choco

Für 1 Drink

1 Tasse Vollmilch
3 TL Schokoladenpulver
2 cl Kokossirup
halbsteif geschlagene Sahne
Schokoladenflocken
Kokosraspel

Die Milch erhitzen und in ein dickwandiges Glas oder in eine Tasse gießen. Das Schokoladenpulver dazugeben und mit einem langen Löffel gut verrühren. Den Kokossirup dazugießen und unterrühren. Mit einem Esslöffel die halbsteif geschlagene Sahne darauf geben. Den Drink mit Schokoladenflocken und Kokosraspeln bestreuen.

Milchkaffee »Exquisit«

Für 1 Drink

1/2 Tasse Vollmilch
1/2 Tasse heißer, starker Kaffee
1 cl Amarettosirup
2 cl Schokoladensirup
leicht geschlagene Sahne
Schokoladenflocken
Mandelblättchen

Die Milch erhitzen und mit dem heißen Kaffee in eine große Tasse geben. Beide Sirupe dazugießen und alles mit einem langen Löffel verrühren. Den Löffel mit der Wölbung nach unten unmittelbar über den Milchkaffee halten und über diesen die leicht geschlagene Sahne einlaufen lassen. Mit Schokoladenflocken und Mandelblättchen bestreuen.

Heiße Traube

Für 1 Drink

20 cl roter Traubensaft
6 cl Orangensaft
1 Zimtstange
½ Vanillestange
1 Zitronenscheibe (unbehandelt)

Die Zutaten – ohne die Zitronenscheibe – in einen Topf geben und erhitzen, aber nicht kochen. Das Getränk etwa 5 Minuten heiß halten, damit die Gewürze ziehen können. Die Zimt- und Vanillestange nach Bedarf entfernen und den Drink eventuell nochmals erhitzen. In ein geeignetes Glas abgießen und die Zitronenscheibe dazugeben.

Tipp **Dieses fruchtige Heißgetränk ist sehr variabel. Anstelle von Traubensaft kann man auch Kirsch-, Johannisbeer- oder Cranberrysaft verwenden und statt Orangensaft auch Maracuja-, Grapefruit- oder Multivitaminsaft.**

Johannis-Apfel-Punsch

Für 8–10 Drinks

1 l schwarzer Johannisbeernektar
1 l Apfelsaft
40 cl Orangensaft
10 cl Zitronensaft
8 cl Kirschsirup
2 Zimtstangen
4–5 Zitronenscheiben (unbehandelt)
4–5 Orangenscheiben (unbehandelt)

Alle flüssigen Zutaten mit den Zimtstangen in einen Topf geben und erhitzen, aber nicht kochen. Den Punsch etwa 5 Minuten heiß halten, damit die Zimtstangen ziehen können. Die Zitrusscheiben halbieren und je eine halbe Zitronen- und Orangenscheibe in feuerfeste Gläser geben. Die Zimtstangen aus dem Punsch entfernen und diesen in die Gläser gießen.

Rezeptregister

Drinks mit Alkohol

Drinks ohne Alkohol

Drinks nach Zutaten

Cachaça

Kaffee

Likör

Wein

Wein, alkoholfreier

Weinbrand/Cognac/Sherry/Brandy

Whisky/Whiskey

Wodka

Impressum

Über den Autor

Franz Brandl zählt seit über 30 Jahren zu den ganz Großen seines Fachs. Als ausgebildeter und geprüfter Barmeister kann er auf eine erfolgreiche Karriere zurückblicken. In München leitete er u. a. Harrys New York Bar und die Bar in Eckart Witzigmanns weltberühmtem Restaurant Aubergine.

Bildnachweis

Alle Bilder einschließlich der Umschlagbilder stammen von Reinhard Rohner, München.

Hinweis

Das vorliegende Buch ist sorgfältig erarbeitet worden.
Dennoch erfolgen alle Angaben ohne Gewähr. Weder Autor noch Verlag können für eventuelle Nachteile oder Schäden, die aus den im Buch gegebenen Hinweisen resultieren, eine Haftung übernehmen.

Dank

Wir danken der Firma Team Spirit Internationale Markengetränke GmbH, 47493 Rheinberg, für ihre freundliche Unterstützung.

Bezugsquellen

Für die abgebildeten Spirituosen und Sirupe: www.teamspirit.de

Für alkoholfreie Weine: www.weinkoenig.de.

Redaktionsleitung
Susanne Kirstein

Redaktion Dr. Ute Paul-Prößler

Layout, Projektrealisation, Umschlaggestaltung
v*büro – Jan-Dirk Hansen, München

Korrektorat Susanne Langer

Reproduktion Artilitho snc, Lavis (Trento)

Druck und Bindung
Těšínská tiskárna, Český Těšín

Printed in the Czech Republic

FSC © **Mix**
Produktgruppe aus vorbildlich bewirtschafteten Wäldern, kontrollierten Herkünften und Recyclingholz oder -fasern
www.fsc.org Zert.-Nr. SGS-COC-004278
© 1996 Forest Stewardship Council

Verlagsgruppe Random House FSC-DEU-0100

Das für diesen Titel verwendete FSC-zertifizierte Papier *Profisilk* wurde produziert von Sappi Alfeld

ISBN 978-3-517-08662-0
817 2635 4453 6271